FRITZ BAUR

Wege zu einer Konzentration
der mündlichen Verhandlung im Prozeß

SCHRIFTENREIHE
DER JURISTISCHEN GESELLSCHAFT e.V.
BERLIN

Heft 23

Berlin 1966

WALTER DE GRUYTER & CO.

vormals G. J. Göschen'sche Verlagshandlung · J. Guttentag, Verlagsbuchhandlung
Georg Reimer · Karl J. Trübner · Veit & Comp.

Wege zu einer Konzentration der mündlichen Verhandlung im Prozeß

Von

Dr. Fritz Baur

Professor in Tübingen

Vortrag
gehalten vor der
Berliner Juristischen Gesellschaft
am 13. Oktober 1965

Berlin 1966

WALTER DE GRUYTER & CO.

vormals G. J. Göschen'sche Verlagshandlung · J. Guttentag, Verlagsbuchhandlung
Georg Reimer · Karl J. Trübner · Veit & Comp.

Archiv-Nr. 2 727 66 2/3

Satz und Druck : $ Saladruck, Berlin 65

I.

Manche werden sich fragen: Kann man zu dem Thema „Wege zu einer Konzentration der mündlichen Verhandlung im Prozeß" überhaupt noch etwas Neues oder gar Wichtiges sagen? Man ist sich doch seit Jahr und Tag darüber einig, daß die mündliche Verhandlung im Prozeß nicht das leistet, was Prinzip[1] und Gesetz von ihr erwarten. Ist es nicht — so wird man sagen — allgemein bekannt, daß zwar das Gesetz *eine* mündliche Verhandlung postuliert[2] und ihren Ablauf wie Inhalt zur Grundlage des Urteils erklärt, daß aber in der Wirklichkeit des Prozesses sich die *eine* mündliche Verhandlung nur allzuoft in eine Unzahl von scheinmündlichen Verhandlungen auflöst und alles für die Urteilsfindung Erhebliche in den Schriftsätzen und Protokollen steht? Wäre es nicht aufrichtiger, entspräche es nicht eher der Wirklichkeit, von dem Prinzip der Mündlichkeit endgültig Abschied zu nehmen und klipp und klar zu sagen, der Prozeß sei schriftlich und man solle sich damit begnügen, nur die Beweisaufnahme vor dem Gericht ablaufen zu lassen?

Und in der Tat: Wer die Bemühungen um die mündliche Verhandlung seit Verkündung der ZPO verfolgt, wer den ergebnislosen Kampf gegen die Verzettelung der mündlichen Verhandlung in den fast 90 Jahren der Handhabung dieses Gesetzes beobachtet, dem bleibt — so könnte man meinen — nur die Alternative, die schleunige Abschaffung dieses Prinzips zu fordern oder eben zu resignieren.

Bei Otto BÄHR liest man schon im Jahre 1885[3]: „Bleiben die Zustände, wie sie gegenwärtig sind, so wage ich vorauszusagen, daß im Laufe eines Menschenalters der Wert unserer Rechtsprechung durch die Verlotterung des Prozesses tief gesunken

---

[1] Zum Mündlichkeitsprinzip und seiner Geschichte s. KIP, Das sogenannte Mündlichkeitsprinzip, 1952.
[2] Vgl. §§ 272 b Abs. 1, 349 Abs. 2 S. 1 ZPO.
[3] IHERINGSJ., Bd. 23 (1885) 432.

sein wird." Bereits auf den Juristentagen von 1902 und 1912[4] sind ähnliche, bewegte Klagen laut geworden. Die Prozeßrechtsnovellen von 1924 und 1933 versuchten, die Lage zu bessern: die Parteiherrschaft über Fristen und Termine wurde abgeschafft, ebenso der Parteieid. Der Richter wurde — wie man sagte — „aktiviert"; auch sollte er die mündliche Verhandlung von sich aus vorbereiten können. Dem gleichen Ziel sollte die Institution des Einzelrichters dienen. Dem Richter wurde gestattet, verspätetes Vorbringen der Parteien zurückzuweisen u. a. m. Aber blickt man auf den Erfolg all' dieser Maßnahmen — deren Aufzählung im einzelnen hier nicht beabsichtigt ist —, so muß man resignierend feststellen: Der Prozeßverschleppung haben sie keinen Einhalt geboten. Die Begründung zum Entwurf einer ZPO von 1931[5] sagt denn auch mit vollem Recht und noch heute gültig: „Wer sich Mühe gibt, die Meinung der Rechtsuchenden über unsere Rechtspflege zu hören, wird feststellen müssen, daß in allen Volkskreisen ein verzögerter Rechtsgang mit tiefer Erbitterung fast wie eine Rechtsverweigerung empfunden wird und der Volkstümlichkeit der Rechtspflege den schwersten Schaden zufügt." Im Jahre 1955 hatte der Bundesjustizminister eine Kommission eingesetzt, die Vorschläge zu einer Reform des Prozesses machen sollte. Nach sechsjähriger Arbeit hat diese Kommission im Jahre 1961 einen umfangreichen Bericht vorgelegt.[6] Er enthält als Vorschläge der Mehrheit oder der Minderheit der Kommission viele Gedanken, die im Falle ihrer gesetzlichen Realisierung geeignet wären, der Prozeßverschleppung Einhalt zu gebieten. Der Gesetzgeber hat sich um die Arbeit dieser Kommission bisher nicht gekümmert; statt dessen wurden neue Kommissionen eingesetzt, die nun fertig formulierte Gesetzesvorschläge unterbreiten sollen; ob ihrer Arbeit ein größerer Erfolg beschieden sein wird, kann man nach den bisherigen Erfahrungen füglich bezweifeln.

All' dies ist ein Trauerspiel: Man kennt seit Jahr und Tag den beklagenswerten Zustand der Prozeßpraxis, insbesondere auf dem Gebiet des Zivilprozesses, man weiß, welche Auswirkungen

---

[4] 26. und 31. DJT.
[5] S. 252.
[6] Bericht der Kommission zur Vorbereitung einer Reform der Zivilgerichtsbarkeit, 1961 (im folgenden „Bericht" zitiert).

dieser Zustand auf das Verhältnis der Bevölkerung zur Justiz hat. Die Diagnose mit ihren Konsequenzen ist also eindeutig. Auch mögliche Rezepturen sind seit langem beschrieben. Aber keine von ihnen wird verordnet. Über ein gelegentliches Kurieren an dem einen oder anderen Symptom ist man nicht hinausgekommen.

Es lohnt sich also vielleicht doch, sich Gedanken darüber zu machen, warum das so ist, warum die Forderung nach einem schleunigen Prozeß bisher nicht erfüllt worden ist, welche Maßnahmen und Sanktionen möglich sind, um eine Beschleunigung des Verfahrens zu erreichen. Die deutsche Prozeßrechtswissenschaft — so hochentwickelt sie in ihren dogmatischen Arbeiten ist — hat bisher nicht erkannt, daß es ihre Aufgabe wäre, auch rechtspolitische Anstöße zu geben und auf ihre Realisierung zu drängen. Dogmatische Durchdringung des Rechtsstoffes ist notwendig; aber dabei darf es nicht sein Bewenden haben, wenn die Gefahr droht, daß der praktizierte Prozeß in der Öffentlichkeit in Mißkredit gerät, weil er den Rechtsuchenden nicht das gewährt, was sie mit Fug von ihm erwarten: eine schleunige Rechtsprechung, eine rasche Verwirklichung des materiellen Rechts und eine rasche Wiederherstellung des Rechtsfriedens.[7] Nun muß man sich freilich darüber im klaren sein, daß das Thema: „Die Konzentration der mündlichen Verhandlung", nur einen Ausschnitt aus dem Komplex der Maßnahmen zur Verfahrensbeschleunigung darstellt. Ebenso notwendig wäre z. B. eine Überprüfung des gegenwärtigen Rechtsmittelsystems; es krankt m. E. vor allem daran, daß in fast allen Verfahren zwei volle Tatsacheninstanzen zur Verfügung gestellt werden, wo doch *eine* gut ausgebaute und gehandhabte Tatsachenverhandlung genügen müßte und könnte.[8] Es müßte weiter geprüft werden, ob die Besetzung unserer Gerichte mit den Grundsätzen einer vernünftigen, sparsamen Verwendung der menschlichen Arbeitskraft noch zu vereinbaren ist.

---

[7] Weil diese Ziele im ordentlichen Prozeß nur allzuhäufig nicht erreicht werden, wählen die Rechtsuchenden mehr und mehr das summarische Verfahren, insbesondere das der einstweiligen Verfügung, was wiederum zu einer Denaturierung dieses einstweiligen Rechtsbehelfs führt (vgl. BAUR, Arrest und einstweilige Verfügung in ihrem heutigen Anwendungsbereich, BB 1964, 607 ff.).

[8] Vgl. Bericht S. 125 ff.

Jedoch soll hier nur von den Maßnahmen zur Konzentration der mündlichen Verhandlung die Rede sein.

II.

Ausgangspunkt der Erörterungen soll ein Fall bilden, der unlängst dem Bayerischen Verfassungsgerichtshof zur Entscheidung vorlag:[9] Hier hatte sich ein vor einem Landgericht schwebender Zivilprozeß „ungewöhnlich lange" hingezogen. Die Gründe für diese Verzögerung werden in der Entscheidung nicht mitgeteilt. Sie scheinen in einer wenig straffen Prozeßführung durch das Gericht gelegen zu haben. Als das Landgericht dann noch eine gegen einen Sachverständigen verhängte Ordnungsstrafe wieder aufhob, also eine weitere Verzögerung des Verfahrens — verursacht durch die Nichtablieferung des Gutachtens — in Aussicht stand, reichte der Kläger Verfassungsbeschwerde beim Bayerischen Verfassungsgerichtshof ein. Dieses Gericht hielt die Verfassungsbeschwerde zwar für zulässig, aber für unbegründet. Die Gründe dieser Entscheidung verdienen kurz vorgetragen zu werden, weil sie schlaglichtartig zeigen, worum es hier geht: Der Verfassungsgerichtshof sagt zunächst, die Verfassungsbeschwerde sei zulässig, weil sie nach bayerischem Recht „auch gegen Unterlassungen eines Gerichts statthaft" sei. Sie sei aber unbegründet. Der Beschwerdeführer rüge in erster Linie eine Verletzung des Gleichheitssatzes und des in ihm enthaltenen Willkürverbots. Nun könne auch ein Verstoß gegen den Grundsatz der Prozeßbeschleunigung den Gleichheitssatz verletzen, aber eben doch nur ein *willkürlicher* Verstoß. Daran fehle es in dem zu entscheidenden Fall. Wenn sich der Beschwerdeführer weiter auf Justizverweigerung berufe, so könne dahingestellt bleiben, ob aus dem Rechtsstaatsgrundsatz ein Anspruch auf Justizgewährung folge des Inhalts, daß die Gerichte „Anträge mit der gebotenen Beschleunigung zu prüfen und, wenn diese Prüfung abgeschlossen sei, ungesäumt zu bescheiden hätten". Denn der Kläger könne sich auf diesen Grundsatz schon deshalb nicht berufen, weil aus ihm keine subjektiven Rechte des Einzelnen

---

[9] BayVBl 1965, 237.

folgten. Auch die Verletzung des rechtlichen Gehörs scheide als
Grundlage einer für den Kläger günstigen Entscheidung aus, weil
„die Prozeßbeschleunigungsmaxime sich zwar mit dem Grundsatz
des rechtlichen Gehörs berührt, aber kein Bestandteil dieses
Grundsatzes ist". Die Verfassung gewährleiste nur ein Minimum
an Gehör. Schließlich scheide ein Verstoß gegen das Recht auf den
gesetzlichen Richter aus, und zwar schon deshalb, weil das Verfahren des Landgerichts „nicht von willkürlichen Erwägungen
bestimmt gewesen sei".

Soweit die Entscheidung des Bayerischen Verfassungsgerichtshofs. Es soll nicht unsere Aufgabe sein, sich mit den Gründen
dieser Entscheidung und ihrer Stichhaltigkeit auseinanderzu-
setzen. In unserem Zusammenhang ist es nur von Bedeutung, daß
sie auf einige wichtige Gesichtspunkte hindeutet:

1. Es gibt nach dem gegenwärtigen deutschen Verfassungsrecht
keinen eindeutigen Rechtsschutz gegen Justizverweigerung und
Justizverschleppung. So sehr man sich bemüht hat, einen solchen
Schutz, sei es auf Art. 19 Abs. 4 GG[10], sei es auf den Anspruch
auf rechtliches Gehör[11], sei es schließlich auf den Grundsatz des
gesetzlichen Richters[12] zu stützen, sicher ist doch, daß keine dieser
Auffassungen sich wirklich durchgesetzt hat. Es ist auch zuzu-
geben, daß es an einer *eindeutigen* verfassungsrechtlichen oder
gesetzlichen Regelung dieses Fragenkreises fehlt. Vergleicht man
damit den Rechtsschutz gegenüber einer untätigen *Verwaltung*
in §§ 42 Abs. 2, 75, 76 VwGO, so kann man nicht sagen, daß
der Gesetzgeber das Problem *in seiner Allgemeinheit* überhaupt
nicht gesehen hätte. Wenn er einen Rechtsbehelf gegen eine „Untätigkeit" *eines Gerichts,* gegen eine Justizverweigerung oder
Justizverschleppung nicht ausdrücklich statuiert hat, so mögen

---

[10] Bötticher ZZP 74, 317; Blomeyer, Zivilprozeßrecht, 1963, S. 7; beide
im Anschluß an Bettermann, Der Schutz der Grundrechte in der ordentlichen Gerichtsbarkeit (Die Grundrechte III 2, 1959, S. 388), der allerdings
Art. 19 Abs. 4 GG nur als Indiz dafür wertet, daß eine Auslegung des
Rechtsstaatsprinzips als Rechtswegstaatsprinzips zur Anerkennung eines
allgemeinen Justizgewährungsanspruchs auch in privatrechtlichen Streitig-
keiten führen müsse.
[11] Baur AcP 153, 396; Eb. Schmidt, Lehrkommentar zur Strafprozeß-
ordnung und zum Gerichtsverfassungsgesetz, Teil I, 2. Aufl., 1964, S. 41 f.;
Dahs jr., Das rechtliche Gehör im Strafprozeßrecht, 1965, S. 8 ff.
[12] BVerfGE 3, 359, 364 (unter Berufung auf Kern, Der gesetzliche Richter,
1927, S. 191, aber nur für den Fall einer „formellen Justizverweigerung").

dafür verschiedene Gründe maßgebend gewesen sein: einmal der Gedanke, daß es nur schwer vorstellbar sei, das eine Gericht durch ein anderes Gericht zu gerichtlichem Handeln zu zwingen. Wer unser traditionelles Rechtsmittelsystem betrachtet, findet immer die *Entscheidung* der Vorinstanz als Ansatzpunkt des Rechtsmittels oder Rechtsbehelfs, nicht die Untätigkeit des Vorderrichters. Der Verfassungsgeber wie der einfache Gesetzgeber hatten offenbar eine viel zu hohe Meinung von dem richterlichen Ethos und Verantwortungsbewußtsein, als daß sie es für nötig gehalten hätten, eine Möglichkeit vorzusehen, die den Richter sozusagen zu einer Tätigkeit „antreibt". Dieses Vertrauen zu den Gerichten ist insbesondere im Grundgesetz an allen Orten ganz deutlich spürbar. Die — von manchen angegriffene — justizstaatliche Tendenz des Grundgesetzes basiert auf dem Gedanken, daß sich die Schwächen und Fehler, die dem Verhalten aller anderen Staatsorgane anhaften können, gerade bei den Gerichten nicht finden. Es ist nicht unsere Aufgabe zu prüfen, ob dieser Optimismus insgesamt begründet ist. Aber die Justiz rechtfertigt dieses Vertrauen eben nicht allein dadurch, daß sie einen menschlich untadeligen und beruflich qualifizierten Richterstand zur Verfügung stellt. Ebenso notwendig ist die Effizienz, die Wirksamkeit der Erfüllung der ihr gestellten Rechtspflegeaufgabe. Und gerade hier setzt die vielfach gerechtfertigte Kritik der Rechtsunterworfenen ein. Wenn Prozesse, die alle Instanzen durchlaufen, 3—6 Jahre dauern, wenn im Jahre 1959 27 % aller amtsgerichtlichen Prozesse, 54 % aller landgerichtlichen und 35 % aller oberlandesgerichtlichen Prozesse länger als 6 Monate — von der Klage bzw. Rechtsmitteleinlegung an bis zum streitigen Urteil gerechnet — dauern[13], dann liegt es doch auf der Hand, daß hier etwas nicht in Ordnung ist, daß die Gerichte ihre Rechtspflegeaufgabe — nämlich eine schleunige Rechtsprechung und eine rasche Wiederherstellung des Rechtsfriedens — nicht erfüllen. Dafür allein die Richter und Anwälte verantwortlich zu machen, hieße die sachlichen und personellen Schwierigkeiten verkennen. Zu den sachlichen zählt insbesondere die immer stärkere Komplikation der zu beurteilenden Sach- und Rechtsfragen. Worauf es mir ankommt, ist die Beantwortung der Frage: Gibt es eine verfahrensrechtliche Möglichkeit, die raschere Entscheidungen

---

[13] S. Bericht S. 468, 469.

erzwingt, ohne der Qualität des richterlichen Urteils in der Sachverhaltsfeststellung wie in der Rechtsanwendung Abbruch zu tun?

Man wird schon hier den Einwand hören, daß die Prozeßgesetze auch jetzt die Möglichkeit böten, das gerichtliche Verfahren zweckmäßig zu gestalten und einer schnellen Entscheidung zuzuführen. So seien doch immerhin 46 % aller amtsgerichtlichen Prozesse und 23 % aller landgerichtlichen in weniger als 3 Monaten erledigt worden. Auch seien die Verhältnisse bei den einzelnen Gerichtsbarkeiten ganz verschieden gelagert. So komme etwa die Verwaltungsgerichtsbarkeit in aller Regel mit *einer* mündlichen Verhandlung aus; auch in der Arbeitsgerichtsbarkeit würden 60 % der erstinstanzlichen Fälle innerhalb von 3 Monaten nach Eingang der Klage entschieden. Man solle also nicht in den heute üblichen Fehler verfallen, von — mit Recht kritisierten — Einzelfällen aus abwertende Urteile über eine ganze Institution zu fällen. Zu einem solchen Einwand wäre zu sagen: Einmal zeigen die vorhin mitgeteilten Zahlen, daß es sich bei der Zahl der über Gebühr dauernden Prozesse nicht um Einzelfälle handelt. Auch die Richter selbst empfinden das so. Die vom Bundesjustizministerium eingesetzte Kommission hatte die Richter aufgefordert mitzuteilen, welche Mängel ihrer Meinung nach dem gegenwärtigen Prozeß anhaften und wie sie zu beheben seien: Die Mehrzahl der Zuschriften beschäftigte sich mit der langen Dauer der Prozesse und den Möglichkeiten einer Abhilfe. Das ist ein ganz deutliches Zeichen dafür, daß die Richter selbst mit der gegenwärtigen Dauer der Prozesse in hohem Maße unzufrieden und auf eine Besserung bedacht sind.

Der weitere Einwand liegt nahe, ein guter Richter werde auch mit einem mangelhaften oder unvollständigen Gesetz einen fairen und raschen Prozeß praktizieren. Die Auswahl der Richter, ihre Fortbildung usw. seien daher wichtiger als perfekte Prozeßgesetze. Dazu wäre zu sagen: Angesichts der Zahl der Richter — die bei der nun einmal gegebenen justizstaatlichen Tendenz eher steigen als abnehmen wird — und dem beschränkten Bestand an Nachwuchskräften ist es eine Utopie zu glauben, man werde stets nur auf hochqualifizierte Juristen zurückgreifen können. Aber abgesehen davon kommt es bei der Gestaltung des Verfahrens nicht nur auf die Richter an, sondern auf *alle* Prozeßbeteiligten. Ein realistischer Gesetzgeber wird also auf das Durchschnitts-

niveau aller dieser Beteiligten abstellen und nicht darauf vertrauen, daß „die Praxis" schon mit den Mängeln und Unvoll-
kommenheiten des Gesetzes fertig werde. Dies bedeutet in unserem Zusammenhang: Das Verfahren muß kraft Gesetzes so
gestaltet sein, daß es die Gewähr eines guten und raschen
Rechtsganges in sich trägt, daß *für alle Prozeßbeteiligten* ein
Ausweichen in die Unentschlossenheit oder gar Bequemlichkeit
nicht möglich ist.

2. Die Entscheidung des Bayerischen Verfassungsgerichtshofs
war Ausgangspunkt unserer Erörterungen. Sie gibt Anlaß zu
folgender weiterer Überlegung: Der Verfassungsgerichtshof
prüft, ob die schleppende Prozeßführung durch das Landgericht
ein subjektives Recht des Klägers verletzt habe. Er entscheidet
diese Frage völlig aus dem verfassungsrechtlichen, prozessualen
Statusverhältnis des Klägers, indem er der Reihe nach den Justiz-
gewährungsanspruch, den Rechtsstaatsgrundsatz und den Anspruch auf rechtliches Gehör überprüft. Es fällt auf, daß mit
keinem Wort das vom Kläger im Prozeß vor dem Landgericht
verfolgte materielle Recht, der materiellrechtliche Anspruch er-
wähnt wird. Damit wird übersehen, daß die Durchsetzung der
materiellen Rechtsstellung vor Gericht — sieht man einmal von
den durch Klage zu realisierenden Gestaltungsrechten ab — nur
eine Form der Rechtsverwirklichung ist. Sie muß dann gewählt
werden, wenn der Gegner nicht bereit ist, von sich aus und frei-
willig dem Recht des Rechtsträgers zu genügen. Der Prozeß hat
dann die Aufgabe, dieses materielle Recht auch gegen den Willen
des Verpflichteten zu realisieren. Daraus ergibt sich aber weiter,
daß der Prozeß dem materiellen Recht gegenüber eine dienende
Funktion hat. Er ist nicht autonom in dem Sinne, daß er nach
beliebigen, etwa in das Ermessen des einzelnen Richters gestellten Regeln ablaufen kann. Um die gleichmäßige Durchsetzung
des materiellen Rechts vor jedem beliebigen zur Entscheidung
berufenen Gericht zu sichern, müssen alle Verfahren nach einem
einheitlichen, der Gestaltungsfreiheit des Richters enge Grenzen
setzenden Prozeßgesetz ablaufen. Und dieses Prozeßgesetz selbst
muß nach Grundsätzen, Prinzipien gestaltet sein, die die Verwirklichung des materiellen Rechts am besten garantieren.[14] So

---

[14] S. dazu im einzelnen TROLLER, Von den Grundlagen des zivilprozessu-
alen Formalismusses, 1945; BAUR, Richtermacht und Formalismus im Ver-

gesehen ist jeder seiner Aufgabe gerecht werdende Prozeß „seiner
Natur nach" formalistisch, an strenge Regeln gebunden. Denn ist
der konkrete Prozeß das Wagnis des materiellen Rechts, liegt in
ihm sowohl die Chance der Rechtsverwirklichung wie die Gefahr
der Rechtsvernichtung, dann muß alles getan werden, um diese
Gefahr auf ein Minimum zu reduzieren. Von dieser Betrachtungs-
weise aus ergibt sich aber auch, daß die Justizverweigerung wie
die Prozeßverschleppung eine Beeinträchtigung, Verletzung des
im Prozeß verfolgten materiellen Rechts darstellt. Wenn sonach
in der bewegten Diskussion um die lange Dauer der Prozesse
immer nur davon gesprochen wird, daß das Vertrauen der Bevölkerung in die Rechtspflege erschüttert werde, daß der Rechts-
friede anhaltend gestört bleibe, daß menschliche Kraft und
öffentliche Mittel nutzlos vertan werden, so ist das alles nur die
halbe Wahrheit. Die wirkliche Konsequenz dieser Prozeßverschleppung ist viel gravierender: Der Prozeß wird seiner eigent-
lichen Funktion — der Verwirklichung des materiellen Rechts —
nicht nur nicht gerecht, nein, er reicht die Hand zur Vernichtung
dieses Rechts, das er schützen soll. Ein besonders eindringliches
Beispiel aus der Rechtsprechung des Bundesgerichtshofs: Dieses
Gericht hatte unlängst[15] einen Fall zu entscheiden, wo der Kläger
einen befristeten Unterlassungsanspruch vor Gericht geltend
machte und infolge langer Prozeßdauer der Ablauf der Frist für
den Unterlassungsanspruch kurz bevorstand. Um den Kläger
wenigstens noch eine kurze Zeit in den Genuß seines materiellen
Rechts zu setzen, hat der BGH — entgegen seiner sonstigen groß-
zügigen Rechtsprechung — die Einstellung der Zwangsvollstrek-
kung aus dem Urteil des Oberlandesgerichts abgelehnt. Hätte der
BGH anders entschieden, so wäre der Kläger im Prozeß völlig
um sein materielles Recht gebracht worden, und zwar nicht
durch ihm ungünstige Entscheidungen des Gerichts, sondern allein
durch die Dauer des Prozesses! —
Genug der Präliminarien! Der Aufenthalt erschien nötig, um
das zu erörternde Problem aus der Ebene allgemeiner justiz-
politischer Klagen herauszuheben und möglichst klar zu sagen,

fahrensrecht, in Summum ius summa iniuria, 1963, S. 97 ff. Schima, Das
Wesen des Unterschiedes von materiellem Recht und Verfahrensrecht und
seine Bedeutung, Anz. d. Österr. Akademie der Wissenschaften, 1958, S. 37 ff.
[15] JZ 1965, 540 (mit Anm. Baur).

welche realen Konsequenzen ein verzögerlich geführter, verschleppter Prozeß hat.

III.

Was soll die mündliche Verhandlung im Prozeß leisten? Sie soll zunächst klarstellen, was die Parteien wollen; ihr Prozeßziel soll dem Gericht mitgeteilt werden. Es sollen weiter die Tatsachen vorgebracht werden, auf die die Anträge der Parteien gestützt werden. Auf Grund der bestritten gebliebenen tatsächlichen Behauptungen erfolgt die Beweisaufnahme. Nach Stellungnahme der Parteien zum Beweisergebnis wird das Urteil gesprochen. Auf den ersten Blick erscheint dies als eine einfache, klar umrissene Aufgabe, die in einem raschen Prozeß bewältigt werden könne; wenn diese Erwartung in der Praxis vielfach enttäuscht wird, so aus folgenden Gründen:

1. Im Gegensatz etwa zum englischen Richter wird der deutsche Richter *vor* der mündlichen Verhandlung über den Sach- und Streitstand informiert. Dies geschieht durch vorbereitende Schriftsätze, die die Anträge der Parteien und die zur Begründung dienenden tatsächlichen Behauptungen[16] enthalten. Eine zeitliche Befristung für diese Schriftsätze ist nicht vorgesehen. Dies bedeutet, daß die Parteien ihre tatsächlichen und rechtlichen Ausführungen etappenweise machen können, ohne daß das Gericht verzögertes, verspätetes Vorbringen bei der Urteilsfindung außer Betracht lassen könnte. Eine Zurückweisung verspäteten Vorbringens durch das Gericht ist nur zulässig, wenn Verschleppungsabsicht oder grobe Nachlässigkeit nachgewiesen sind,[17] eine — wie die Praxis lehrt — durchaus stumpfe Waffe in der Hand des Gerichts. Dies bedeutet, daß auch nach einer Beweisaufnahme neues tatsächliches Vorbringen möglich ist, das wiederum zu einer Beweisaufnahme führt. Schriftsätze reihen sich also an Schriftsätze, Beweisaufnahmen an Beweisaufnahmen. Ja, es ist — jedenfalls im Zivilprozeß — gar nicht selten, daß das wirklich wesentliche Vorbringen der Parteien auf die Berufungsinstanz verschoben wird; denn die Zurückweisung solchen Vorbringens

---

[16] Vgl.§§ 253, 130 ZPO; § 82 VwGO.
[17] § 279 ZPO (s. dazu Egon SCHNEIDER JR 1965, 328).

in der Berufungsinstanz ist ebenso erschwert wie in der ersten Instanz.[18]

2. Ein zweiter Grund für die lange Dauer der Prozesse in einer Instanz ist die Trennung von mündlicher Verhandlung und Beweisaufnahme. Zwar sehen die Prozeßordnungen[19] vor, daß die Beweisaufnahme tunlichst innerhalb der mündlichen Verhandlung erfolgen soll, ja § 96 VwGO ordnet sogar ausdrücklich an, daß das Gericht den Beweis in der mündlichen Verhandlung erhebt.[20] Auch bestimmen alle Prozeßordnungen[21], daß der Vorsitzende schon vor der mündlichen Verhandlung alle Maßnahmen zu treffen hat, die eine Beweisaufnahme in der mündlichen Verhandlung und eine Erledigung des Rechtsstreits in *einer* mündlichen Verhandlung ermöglichen. Aber in der Praxis — jedenfalls der Zivilgerichte — bleibt dieses Wunschbild des Gesetzes die Ausnahme. Ein Blick auf die Terminsliste eines Amts- oder Landgerichts macht dies deutlich; hier sind so viele Streitsachen auf eine Sitzung gesetzt, daß schon rein zeitlich eine Erledigung dieser Streitsachen in *einer* mündlichen Verhandlung ausgeschlossen ist. In der Hamburger Prozeßpraxis wird denn auch dieser erste Termin recht kennzeichnend „Durchrufertermin" genannt! Es geschieht nicht viel mehr als daß die Sachen aufgerufen werden, die Anträge gestellt und allenfalls Versäumnis- oder Anerkenntnisurteile erlassen oder von den Parteien vorbereitete Vergleiche protokolliert werden. Von einer erschöpfenden Verhandlung des Falls oder gar einer Beweisaufnahme kann nicht die Rede sein. Worauf ist dieser Zwiespalt zwischen der Anordnung des Gesetzes und dem realen Ablauf der Prozesse zurückzuführen, nur auf die Bequemlichkeit der Prozeßbeteiligten, auf die Entschlußlosigkeit der Gerichte, auf einen eingefahrenen Schlendrian? Sicher spielt das alles eine gewisse Rolle, aber es wäre doch oberflächlich, darin allein die Ursache für die Verschleppung der mündlichen Verhandlung zu sehen. Bei genauerem Zusehen zeigt es sich vielmehr, daß die eigentliche Ursache in der Konstruktion des Gesetzes selbst liegt: Das Gesetz geht davon aus, daß das Gericht durch Schriftsätze informiert wird; eine

---

[18] § 529 Abs. 2 ZPO.
[19] § 357 a ZPO; § 56 ArbGG.
[20] Ebenso jetzt § 81 FGO v. 6. 10. 1965 (BGBl. I 1477).
[21] § 272 b ZPO; § 56 ArbGG; § 87 VwGO; § 79 FGO.

zeitliche Grenze für die Vorbereitung der mündlichen Verhandlung durch diese Schriftsätze ist nicht gesetzt. So bietet sich häufig das Bild einer „tropfenweisen" Information des Gerichts bis zur mündlichen Verhandlung selbst; ja, nichts hindert die Parteien, in der mündlichen Verhandlung selbst neue tatsächliche Behauptungen aufzustellen. So wird in der mündlichen Verhandlung nicht über den dem Gericht und den Parteien bekannten, fertig vorliegenden Sach- und Streitstand verhandelt, sondern die Tatsachengrundlage wird in dieser Verhandlung erst mühsam erarbeitet, wozu das Gesetz in § 139 ZPO den Richter noch verpflichtet. Nur allzuhäufig ist diese Klärung in der mündlichen Verhandlung nicht möglich, weil die eine Partei nicht auf überraschendes neues Vorbringen der anderen Partei eingestellt ist; ihr muß dann Gelegenheit gegeben werden, in einem Schriftsatz zu diesem Vorbringen Stellung zu nehmen usw. Aber selbst dann, wenn es in der mündlichen Verhandlung gelingt, Klarheit über das Prozeßziel der Parteien und über ihre tatsächlichen Behauptungen zu gewinnen, so wird es in aller Regel nicht möglich sein, daß das Gericht sich über die Wesentlichkeit, die Erheblichkeit des — ihm u. U. bisher unbekannten — Parteivorbringens schlüssig macht. Dies gilt vor allem in tatsächlich und rechtlich schwierigen Streitsachen. Gänzlich ausgeschlossen ist aber eine sofortige Beweisaufnahme. Denn diese würde voraussetzen, daß die Beweismittel samt und sonders in der mündlichen Verhandlung präsent sind. Wenn aber noch im Termin mit neuem Vorbringen überrascht werden kann, wenn häufig erst in diesem Termin die für den Fall wesentlichen Urkunden vorgelegt werden, vorher nicht angekündigte Beweisanträge gestellten werden können, dann ist es augenscheinlich, daß eine sofortige Beweisaufnahme unmöglich ist. Man kann von einem nur teilweise oder verspätet informierten, überraschten Gericht keinen Beschluß über eine sofortige Beweisaufnahme erwarten, ganz abgesehen davon, daß es nicht möglich sein wird, die Beweismittel sofort herbeizuschaffen.

Die Fehlerquellen sind also — kurz zusammengefaßt — in der Zulässigkeit einer etappenweise, verzögerlichen Information der Prozeßbeteiligten und des Gerichts und in der damit automatisch erzwungenen Trennung von mündlicher Verhandlung und Beweisaufnahme zu sehen. Die bisherigen Maßnahmen des Gesetzgebers zur Beseitigung dieser Fehlerquellen — weithin in das

Ermessen des Richters gestellt — haben sich als nicht wirksam erwiesen.

IV.

Sinnt man auf Abhilfe, so empfiehlt es sich nicht, das englische System zu übernehmen. Dieses System ist bekanntlich dadurch gekennzeichnet, daß der Richter ohne vorgängige Information zur Hauptverhandlung kommt, daß der Termin selbst durch die Prozeßbevollmächtigten eingehend vorbereitet wird und diese auch die Verantwortung für die Beweismittel und ihre Verwertung im Prozeß tragen.[22] Es mag dahingestellt bleiben, ob dieser Prozeß bessere Ergebnisse liefert als der deutsche. Er entspricht nicht unserer Tradition und Gewöhnung. Zwar soll man nicht davor zurückschrecken, ohne Rücksicht auf Altgewohntes Reformen zu fordern, wo diese nötig sind. Aber man sollte Anknüpfungspunkte an die bisherige Übung suchen, wo es immer möglich ist. Diese konstanten Anknüpfungspunkte sind: Information des Richters über den Sach- und Streitstand *vor* der mündlichen Verhandlung — Aufteilung der Verantwortung für die Beschaffung des tatsächlichen Prozeßstoffes zwischen Gericht und Parteien — Anordnung und Führung der Beweisaufnahme durch das Gericht.

In diesem Rahmen sind die Möglichkeiten für eine Beschleunigung des Prozesses zu suchen. Der Vorschlag, der hier unterbreitet wird, geht — kurz zusammengefaßt — dahin, daß mündliche Verhandlung und Beweisaufnahme stets und zwingend in *einem* Termin zusammengefaßt werden. Um dies zu ermöglichen, wird ein Vorverfahren vorgeschaltet, das in einem zeitlich befristeten Schriftsatzwechsel besteht und durch einen Vortermin abgeschlossen wird.

Ausgangspunkt dieses Vorschlags ist die Hauptverhandlung des Strafprozesses. Seit Inkrafttreten der StPO gelingt es, Strafsachen in *einer* Hauptverhandlung zu erledigen. Die Vorstellung, daß diese Hauptverhandlung in eine Anzahl von Terminen aufgesplittert werden könnte, ist diesem Verfahren völlig fremd. Das

---

[22] Vgl. COHN, Der englische Gerichtstag, 1956, S. 20 ff., 32 ff.; ders. in Erinnerungsgabe für Max Grünhut, 1965, S. 31, 36 ff.; MANN, Die deutsche Justizreform im Lichte englischer Erfahrungen, 1965, S. 8 ff.

14

Gesetz erreicht dies durch zwei Maßnahmen, einmal durch eine ausgezeichnete Vorbereitung der Hauptverhandlung, zum anderen durch das Verbot der Unterbrechung dieser Hauptverhandlung für eine längere Zeit als 10 Tage. Die Vorbereitung der Hauptverhandlung liegt bei der Staatsanwaltschaft. In ihrer Hand liegt zunächst das Ermittlungsverfahren. Damit ist Gewähr gegeben, daß der für die Ermittlung und Entscheidung des Gerichts wesentliche Sachverhalt erhoben und dem Gericht in der Anklageschrift präsentiert wird. Schon im vorbereitenden Verfahren, wie nach Eröffnung des Hauptverfahrens hat auch der Angeklagte das Recht, weitere Ermittlungen zu verlangen,[23] Beweisanträge zu stellen, die Ladung von Zeugen und Sachverständigen und die Herbeischaffung anderer Beweismittel zur Hauptverhandlung zu fordern oder selbst vorzunehmen. Auf diese Weise wird erreicht, daß das gesamte Tatsachenmaterial und die nötigen Beweismittel schon vor der Hauptverhandlung dem Gericht, der Staatsanwaltschaft und dem Angeklagten bekannt sind. Jeder Prozeßbeteiligte kann sich auf die Hauptverhandlung einstellen, er weiß, daß in dieser *einen* Hauptverhandlung die Strafsache durch Urteil entschieden wird. Selbstverständlich bleiben auch Überraschungen in der Hauptverhandlung des Strafprozesses nicht aus; auch ist es keineswegs ausgeschlossen, daß neue Beweisanträge gestellt werden und daß die Hauptverhandlung ausgesetzt werden muß, wenn die neuen Beweismittel nicht sofort herbeigeschafft werden können. Aber der Ansatz zu der damit verbundenen Verzögerung und auch Verschleppung des Prozesses wird durch die zwingende Vorschrift inhibiert, daß die Unterbrechung der Hauptverhandlung 10 Tage nicht überschreiten darf, „widrigenfalls mit dem Verfahren von neuem zu beginnen ist". Es mag sein, daß § 229 StPO, der dies anordnet, in erster Linie auf dem Gedanken beruht, daß das Gericht bei einer länger dauernden Unterbrechung das bisherige Ergebnis der Hauptverhandlung nicht mehr präsent hat. Aber mittelbar bewirkt diese Vorschrift doch eine in anderen Verfahrensarten nicht erreichte Konzentration der Hauptverhandlung.

Warum soll eine solche Regelung im Zivilprozeß und den anderen Prozeßarten nicht möglich sein? Der Einwand liegt nahe,

---

[23] § 201 Abs. 1 StPO.

daß die Staatsanwaltschaft ganz andere Möglichkeiten habe, den Sachverhalt vor der Hauptverhandlung zu ermitteln als Kläger und Beklagte in den anderen Prozeßarten; sie könne die Hilfe der Polizei in Anspruch nehmen, Ermittlungshandlungen des Gerichts, ja sogar eine gerichtliche Voruntersuchung beantragen. All' dies sei den Prozeßbeteiligten in den anderen Verfahrensarten in aller Regel versagt. Die Vollständigkeit des dem Gericht präsentierten Ermittlungsergebnisses beruhe also auf der behördlichen, mit hoheitlichen Mitteln arbeitenden Stellung der Staatsanwaltschaft. Dieser Einwand ist richtig, aber er gibt keinen Anlaß zur Resignation, sondern zwingt nur darüber nachzudenken, wie in den anderen Verfahren ein ähnliches Ergebnis wie durch das strafprozessuale Vorverfahren erzielt werden könnte. Mein Vorschlag geht dahin, auch in den anderen Verfahrensarten dem Termin zur mündlichen Verhandlung ein *Vorverfahren* vorzuschalten, das mit einem Erörterungs- oder Vortermin abschließt. Dieser Vorschlag beruht auf folgender praktischen Erfahrung: Das gegensätzliche, widerstreitende Interesse der Parteien, ihr „Kampf um das Recht" führt zu einer ebenso vollständigen, wenn nicht vollständigeren Tatsachenermittlung wie die Ermittlungstätigkeit der Staatsanwaltschaft. Zivilprozesse, die im Anschluß an Strafprozesse geführt werden, sind heute häufig; man denke nur an die Schadensersatzprozesse, die bei Kraftfahrzeugunfällen den Strafprozessen folgen. Gerade in diesen Prozessen zeigt es sich nicht selten, daß die Kampfstellung der Parteien zu einer umfassenderen, „verfeinerten" Klärung führt als der Strafprozeß. Ist dies aber richtig, dann muß es möglich sein, dieses Wissen der Parteien, das Ergebnis ihrer aus dem natürlichen Interesse am Prozeßgewinn erwachsenden Ermittlungstätigkeit schon vor dem Termin, also in einem Vorverfahren nutzbar zu machen, und zwar derart, daß dem Gericht wie allen Prozeßbeteiligten der Sach- und Streitstand schon vor der Hauptverhandlung ebenso präsent ist wie im Strafprozeß.

Im einzelnen sollte dieses Vorverfahren etwa wie folgt ablaufen: Nach geltendem Prozeßrecht ist der Termin zur mündlichen Verhandlung unmittelbar nach Eingang der Klagschrift zu bestimmen, und zwar auf einen so nahen Zeitpunkt, daß nur die

Einlassungsfrist gewahrt ist.[24] Das ist entschieden zu früh,[25] weil
der Richter auf Grund der Klage allein regelmäßig noch nicht
feststellen kann, was den Kern des Rechtsstreits ausmachen wird,
welche tatsächlichen Behauptungen bestritten werden usw. Der
Terminsbestimmung sollte daher ein — befristeter — Schriftsatzwechsel der Parteien vorausgehen. In diesen Schriftsätzen müssen
die Parteien ihre Anträge zum Gegenstand des Rechtsstreits, ihre
tatsächlichen Behauptungen und die Beweisanträge erschöpfend
vorbringen. Dazu gehört es auch, daß sie alle Urkunden vorlegen,
die sich auf den Streitfall beziehen, einschließlich des gesamten
vorprozessualen Schriftwechsels.[26] Die Vollständigkeit der Ur-
kundenvorlage ist an Eides Statt zu versichern. Um zu ver-
meiden, daß dieser Schriftsatzwechsel sich zeitlich über Gebühr
ausdehnt, müßte im Gesetz dafür ein bestimmter Zeitraum,
höchstens 3 Monate, vorgesehen werden. Die in § 139 ZPO statu-
ierte richterliche Aufklärungspflicht müßte auf dieses Verfahren
ausgedehnt werden; der Richter hätte also nicht nur den Schriftsatzwechsel durch Setzung von Fristen zeitlich zu dirigieren,
sondern ihn notfalls auch inhaltlich zu leiten, indem er die Parteien auf die Punkte hinweist, die nach seiner Meinung einer
Erörterung bedürfen usw.

---

[24] §§ 216, 261 ZPO.
[25] Interessant ist, daß die Vorschrift des § 261 ZPO, die den Richter an-
weist, den Termin zur ersten mündlichen Verhandlung nur soweit hinaus-
zurücken, „als es zur Wahrung der Einlassungsfrist geboten erscheint", in
der ursprünglichen Fassung der ZPO von 1877 nicht enthalten war. Sie
wurde — als Maßnahme zur Prozeßbeschleunigung gedacht — erst durch
die Novelle von 1898 eingefügt, erwies sich aber alsbald als verfehlt. Der
Entwurf einer ZPO von 1931 machte deshalb den Zusatz: „sofern es nicht
zur sachgemäßen Vorbereitung erforderlich ist, den Termin weiter hinaus
anzuberaumen" (§ 217 Abs. 3). Er begründet dies bezeichnenderweise damit,
daß es unzweckmäßig erscheine, „in verwickelten Fällen den ersten Termin
mit einer so kurzen Frist anzuberaumen, daß von vornherein mit der
Ergebnislosigkeit dieses Termins gerechnet werden muß" (Begründung
S. 312).
Auch § 85 VwGO verbindet mit der Zustellung der Klage nicht die
sofortige Anberaumung eines Termins zur mündlichen Verhandlung, sondern die Aufforderung an den Beklagten, sich innerhalb einer gerichtlich
festgesetzten Frist schriftlich zu äußern; anders dagegen § 47 Abs. 2 ArbGG.
[26] COHN a. a. O. (FN 22) S. 28 f. betont die Wichtigkeit der Pflicht zur
Urkundenvorlegung im englischen Zivilprozeß, da sie „wie kein anderer
Umstand dafür sorgt, daß Parteien und Richter ein wahres und vollstän-
diges Bild von dem Prozeßstoff erhalten". Die Nichtvorlage der Urkunden
hat für den englischen Anwalt einschneidende standesrechtliche Folgen.

Nun liegt der Einwand nahe, daß das Gesetz zwar dem Kläger bestimmte Verpflichtungen auferlegen könne, weil *er* ja schließlich den Prozeß betreibe. Schwieriger sei dies beim Beklagten. Wie solle man ihn zwingen, die Klage zu beantworten, wenn er zu ihr nichts sagen könne oder wolle? Welche Sanktion soll also gegen einen Beklagten ergriffen werden, der der Aufforderung zur Klagbeantwortung binnen einer bestimmten Frist nicht nachkommt? Dieses Problem läßt sich lösen, wenn man die Regelung des Versäumnisverfahrens auch im Vorverfahren anwendet. Dies bedeutet: Gegen den mit der Klagbeantwortung säumigen Beklagten ergeht Versäumnisurteil, wenn die Klage schlüssig ist. Auf den ersten Blick mag ein Versäumnisurteil im Vorverfahren ungewöhnlich erscheinen, weil Termin zur mündlichen Verhandlung überhaupt noch nicht bestimmt ist. Bei genauerem Zusehen ist aber der Unterschied zur geltenden Regelung nicht erheblich, weil auch nach dieser die Klageschrift die Grundlage des Versäumnisurteils gegen den Beklagten bildet. Die Säumnis des Beklagten liegt nach geltendem Recht in dessen Nichterscheinen oder Nichtverhandeln in der mündlichen Verhandlung, nach künftigem Recht läge sie *auch* in der Nichtbeantwortung der Klage.

Der Schriftsatzwechsel des Vorverfahrens soll der vollständigen Ausbreitung des Prozeßstoffes dienen; dieses Ziel läßt sich nur erreichen, wenn man die Prozeßbeteiligten zu dieser Vollständigkeit zwingt, m. a. W. eine Präklusion mit neuem Vorbringen anordnet: Neues Vorbringen nach Abschluß des Vorverfahrens soll nur möglich sein, wenn die Partei nachweist, daß sie ohne ihr Verschulden dazu im Vorverfahren nicht in der Lage war. Gegenüber den Präklusionsregeln des geltenden Rechts[27] hätte diese Regelung den Vorzug, daß nicht auf die Verschleppungsabsicht oder grobe Nachlässigkeit der Partei abgestellt wird, Tatbestandsmerkmale, die nach der Erfahrung ohnehin nur ganz selten nachzuweisen sind, daß ferner die Beweislast für unverschuldete Säumnis bei der Partei liegt.

Vielen mag diese Präklusion als zu hart erscheinen, manche werden sagen, damit kehre man ja wieder zu der Eventualmaxime des gemeinen Prozesses zurück; man zwinge die Parteien dazu, aus Furcht vor einer drohenden Präklusion alle — auch

---

[27] § 279, § 529 Abs. 2 — 5 ZPO; § 767 II ZPO.

die nur eventuell in Betracht kommenden — Gesichtspunkte ins
Feld zu führen, eine Unmasse von Material heranzuschleppen,
von dem dann nur ein Bruchteil später entscheidungserheblich
werde. Das damit beschworene Gespenst der Eventualmaxime
vermag aber bei näherem Zusehen nicht zu schrecken. Zunächst
ist darauf hinzuweisen, daß auch das geltende Prozeßrecht in
erheblichem Umfang Präklusionen kennt; zu erinnern ist etwa
an die in der materiellen Rechtskraft steckende Präklusionswirkung, an die ausdrückliche Regelung der Präklusionswirkung
bei der Vollstreckungsgegenklage und im Eheprozeß, an den
grundsätzlichen Ausschluß der Aufrechnung in der Berufungsinstanz u. a. m.; auch die dem Richter eingeräumte Möglichkeit,
verspätetes Vorbringen zurückzuweisen, ist nichts anderes als der
— freilich mit untauglichen Mitteln unternommene — Versuch,
die Parteien zu einem frühzeitigen Ausbreiten des ganzen Prozeß-
materials zu veranlassen. Aber abgesehen davon: ist es dem geltenden Prozeßrecht wirklich gelungen, die mit der Eventualmaxime verbundenen Nachteile zu beseitigen? Diese Frage ist zu
verneinen; und zwar aus zwei Gründen: einmal weiß die Partei
in aller Regel bis zur mündlichen Verhandlung nicht, was der
Richter als entscheidungserheblich ansieht; die Partei wird also in
ihrem Interesse alles denkbarerweise in Betracht kommende Tatsachenmaterial beibringen. Ein Blick in die Gerichtsakten zeigt,
daß es auch in der Praxis so ist. Zum anderen kann die Partei
bei der gegenwärtigen Regelung nie wissen, wann der Richter den
Prozeß als spruchreif ansieht;[28] sie läuft also stets Gefahr, daß sie
mit verspätetem Vorbringen faktisch präkludiert wird. Ist es
sonach dem bisher geltenden Prozeßrecht nicht gelungen, die
Nachteile der Eventualmaxime auszuschalten, so bringt das hier
vorgeschlagene Verfahren sicher keine Verschlechterung, sondern
eher eine Besserung: Überraschungen für die Parteien bleiben
aus, weil sie genau wissen, in welchem Stadium des Verfahrens
und bis zu welchem Zeitpunkt sie ihr Material vorgebracht haben
müssen. Da ferner auch das Vorverfahren unter der Leitung des
Gerichts steht, werden sie nicht wie jetzt erst in der mündlichen
Verhandlung erfahren, worauf es dem Gericht ankommt, son-

---

[28] Darauf weist ROSENBERG, Lehrbuch des deutschen Zivilprozeßrechts,
9. Aufl. 1961, § 65 IV 1 mit Recht hin.

dern schon während des Schriftsatzwechsels im Vorverfahren, spätestens aber im Vor- oder Erörterungstermin.[29]

Dieser *Vortermin*[30] beendet das Vorverfahren. Er hat eine gewisse, freilich entfernte Ähnlichkeit mit der ersten Tagsatzung des österreichischen Rechts[31] und soll folgende Aufgaben erfüllen:

1. Verhandlung und Entscheidung über die Prozeßvorausset-

---

[29] Damit erledigt sich der Einwand DE BOORS (Rechtsstreit, 1940, S. 113) gegen die Ausschlußwirkung des Schriftsatzwechsels; er meint, in der mündlichen Verhandlung könnten sich aus Rede und Gegenrede neue Gesichtspunkte ergeben. Deshalb wird hier der Vortermin (unter persönlicher Anwesenheit der Parteien) vorgeschlagen.

[30] Der Vorschlag, einen Vortermin in das Verfahren einzufügen, ist keineswegs neu (über frühere Versuche dieser Art unterrichtet gut Werner SCHUBERT, Der Vortermin, 1937). Aber diese früheren Vorschläge hatten meist das Ziel, die nicht „streitig werdenden Sachen" auszusondern. Der Vortermin sollte also ein Filter bilden, in dem dann alle nicht durch Versäumnis- Anerkenntnis- Verzichtsurteil oder durch Vergleich erledigten Sachen hängen blieben. Daher sollte dieser Vortermin rasch nach Klageerhebung stattfinden. Ein weiteres Ziel war es, gewisse prozessuale Vorfragen zu klären und darüber zu entscheiden. Der hier unterbreitete Vorschlag unterscheidet sich von diesen — nie Gesetz gewordenen — Anregungen vor allem dadurch, daß der Vortermin *in erster Linie* der Vorbereitung der mündlichen Verhandlung und Beweisaufnahme dient, indem der *materiellrechtliche* Streitstand geklärt und durch den Beweisbeschluß der Entscheidung zugeführt wird. Die „Filterwirkung" ergibt sich nach meinem Vorschlag schon durch den Erlaß des Versäumnisurteils, wenn der Beklagte die Frist zur Einreichung einer Klagbeantwortung nicht wahrt.

[31] Vgl. §§ 230, 239 öster. ZPO. — Interessant ist, daß schon Franz KLEIN das Ziel verfolgte, die mündliche Verhandlung und Beweisaufnahme der Hauptverhandlung des Strafprozesses anzunähern. Aber dieses Ziel kann durch die erste Tagsatzung nicht erreicht werden, weil in erster Linie auf die „Filterwirkung" und auf die Erledigung prozessualer Fragen abgestellt wird. Der Unterschied zu dem hier vorgeschlagenen Vortermin besteht vor allem darin, daß dem *Vortermin* bereits ein richterlich gelenkter und befristeter Schriftsatzwechsel vorausgegangen ist, so daß bereits eine weitgehende Klärung der Streitsache selbst erfolgen kann. Die sofort nach Klageeingang anzuberaumende erste *Tagsatzung* dient dagegen allein den Präliminarien, wie Vornahme eines Vergleichsversuchs, Anmeldung von Prozeßeinreden usw. Eine Sachentscheidung kommt allenfalls auf Grund eines Anerkenntnisses oder Verzichts oder infolge Säumnis in Betracht. Alles andere Vorbringen — vor allem aber die Bestreitung des klägerischen Sachvorbringens und der Antrag auf Abweisung des Klagbegehrens — ist nach der ausdrücklichen Bestimmung des § 239 Abs. 4 öster. ZPO „von der ersten Tagsatzung ausgeschlossen". Aus diesem Grunde ist weder die Anwesenheit der Parteien noch auch nur die persönliche Anwesenheit des prozeßbevollmächtigten Anwalts erforderlich (§ 27 Abs. 2 öster. ZPO). Erst im Anschluß an die erste Tagsatzung kommt es dann zur Fristsetzung für eine schriftliche Klagbeantwortung (§ 243 öster. ZPO), zu einem fakultativen vorbereitenden Verfahren (§§ 244—256 öster. ZPO) sowie zur mündlichen Streitverhandlung (§§ 257 ff. öster. ZPO).

zungen; dabei ist daran zu erinnern, daß auch nach geltendem Recht eine abgesonderte Verhandlung über die Prozeßvoraussetzungen, also eine Trennung von der Verhandlung über die Hauptsache möglich ist.[32] Das Gesetz sieht es also jetzt schon als erwünscht vor, die mündliche Verhandlung zur Hauptsache von der Erörterung und Entscheidung prozessualer Fragen zu entlasten. Im Vortermin hätten sonach alle Entscheidungen über die Sachurteilsvoraussetzungen zu ergehen, wie Prozeßabweisungen, Verweisungen an ein anderes Gericht oder in eine andere Gerichtsbarkeit, Zwischenurteile, die eine Sachurteilsvoraussetzung als gegeben bejahen usw.

2. Die zweite wesentliche Funktion des Erörterungstermins besteht in der Gliederung und Sichtung des in den Schriftsätzen vorgebrachten Tatsachenmaterials. Es soll also klargestellt werden, welche tatsächlichen Behauptungen der Parteien bestritten bleiben, welche Beweisanträge gestellt und welche Beweismittel benannt werden. Die Parteien sind regelmäßig zum Vortermin persönlich zu laden und zu vernehmen. Schon das geltende Recht[33] sieht vor, daß das Gericht „das persönliche Erscheinen einer Partei zur Aufklärung des Sachverhalts anordnen kann". Die Praxis zeigt, daß diese Anhörung häufig Zweifel und Unklarheiten beseitigt, die auf Informationsfehler oder Informationsschwierigkeiten im Verhältnis der Parteien zu ihren Prozeßvertretern zurückzuführen sind. Das geltende Recht unterscheidet zwischen „Anhörung" und „Parteivernehmung", die Grenze ist dogmatisch und praktisch schwierig zu ziehen.[34] Es soll hier nicht geprüft werden, ob diese Differenzierung in der Art der Parteiaussage künftig beizubehalten ist; wesentlich ist in unserem Zusammenhang nur, daß die Parteien sich in einem frühen Stadium des Verfahrens verantwortlich zum Prozeßstoff zu äußern haben.

3. Sind die Fronten abgesteckt, so ist damit — und dies ist die dritte Funktion des Vortermins — die Grundlage für ein Vergleichsgespräch gegeben. Es ist der Nachteil der obligatorischen Güteverhandlung — wie sie heute noch im Arbeitsgerichtsprozeß

---

[32] § 275 ZPO; § 46 Abs. 2 S. 1 ArbGG; § 109 VwGO.
[33] § 141 ZPO; § 51 ArbGG; § 95 VwGO.
[34] Vgl. LENT-JAUERNIG, Zivilprozeßrecht, 12. Aufl. 1965, § 56 III 3.

vorgeschrieben ist —[35], daß sie zu früh, vor der Sichtung des Prozeßstoffs, angesetzt ist. Die Vergleichsverhandlungen wirken dadurch häufig gezwungen und hinterlassen bei den Parteien gelegentlich den Eindruck, daß ihnen der Vergleich oktroyiert werden soll. Ein später, nach Abschluß der Beweisaufnahme geschlossener Vergleich dagegen — so nützlich er sein kann — erweckt bei einem unbeteiligten Betrachter oft das Gefühl, daß hier von allen Prozeßbeteiligten viel Zeit, Kraft und Geld investiert worden seien, der Vergleich aber mit demselben Inhalt bei Abwägung der Prozeßchancen schon früher hätte geschlossen werden können. Der richtige Zeitpunkt für Vergleichsverhandlungen ist demnach der Vortermin: Der Prozeßstoff ist ausgebreitet, der Sachverhalt weithin geklärt. Jede Partei weiß, was sie zu beweisen hat und welche Beweismittel ihr zur Verfügung stehen; sie vermag sonach ihre Prozeßchancen abzuwägen. Das Gericht wird auch in der Lage sein, von sich aus einen Vergleichsvorschlag zu machen, der den beiderseitigen Chancen gerecht wird.

4. Scheitern die Vergleichsverhandlungen, kommt auch kein Versäumnis-, Anerkenntnis- oder Verzichtsurteil in Betracht, so erläßt das Gericht den Beweisbeschluß. Er bildet den Abschluß des Vortermins und kann — soweit z. B. Sachverständigengutachten oder kommissarische Zeugenvernehmungen in Betracht kommen — sofort ausgeführt werden.

Im übrigen wird nunmehr Termin zur Beweisaufnahme und mündlichen Verhandlung angeordnet. Erinnern wir uns an den Vorschlag, daß die Hauptverhandlung des Strafprozesses das Vorbild für diesen Termin abgeben soll und Vorverfahren und Vortermin den Zweck haben, den Prozeßstoff ebenso zuverlässig auszubreiten, wie dies im Strafprozeß durch die Ermittlungstätigkeit der Staatsanwaltschaft möglich ist. Nach unserer Meinung sollte also die mündliche Verhandlung in allen Prozeßarten der Hauptverhandlung des Strafprozesses gleichen. Im Mittelpunkt steht die Beweisaufnahme. Sie wird in einem Zug durchgeführt. Neue Beweisanträge sind nur zulässig, wenn die Partei nachweist, daß sie dazu früher nicht in der Lage war. An die Beweisaufnahme schließen sich die mündlichen Vorträge der Parteien, daran das Urteil des Gerichts. Eine Unterbrechung,

---

[35] § 54 ArbGG.

Vertagung der Verhandlung ist — ebenso wie im Strafprozeß — grundsätzlich ausgeschlossen. Der Richter muß sich also die Zeit nehmen, den Parteien zuzuhören, die Beweise zu erheben und das Urteil zu fällen. COHN, ein ausgezeichneter Kenner des deutschen und englischen Prozesses, sagt:[36] „Im englischen Gerichtssaal steht die Uhr still". Dieser Satz sollte auch bei uns Geltung bekommen. Wird ausnahmsweise eine Unterbrechung oder Vertagung nötig und kann die mündliche Verhandlung nicht innerhalb von 10 Tagen fortgesetzt werden, so muß der Termin einschließlich der Beweisaufnahme wiederholt werden. Dieser mittelbare Zwang zur Konzentration führt weiter zu dem erwünschten Ergebnis, daß sich die Beweisaufnahme stets vor den Richtern abspielt, die das Urteil zu fällen haben, während nach der heutigen Regelung nur die letzte mündliche Verhandlung vor dem erkennenden Gericht stattzufinden braucht. Die hier vorgeschlagene Regelung erzwingt also auch eine echte Unmittelbarkeit der Beweisaufnahme. Es ist überflüssig zu betonen, daß dies dem Gerechtigkeitsgehalt des Urteils nur zugutekommen kann.[37]

Dies ist der Kern des Vorschlags. Randfragen wurden nicht erörtert, so etwa die, ob das Vorverfahren und der Vortermin in

---

[36] Gerichtstag (FN 22) S. 36.

[37] Der hier gemachte Vorschlag wird sich dem Einwand ausgesetzt sehen, daß die Gliederung des Prozesses in Vorverfahren — Vortermin — mündliche Verhandlung und Beweisaufnahme zu starr sei, den Richter und die Parteien allzusehr ans Gängelband nehme. Man wird sagen, es sei etwas anderes, ob das Gericht einen Alimentenprozeß oder eine gesellschaftsrechtliche Ausschlußklage zu entscheiden habe; die Fallgruppen seien zu verschieden als daß man sie in ein ihren Eigenarten nicht angepaßtes starres Schema zwängen könne. Der Richter müsse in der Verfahrensgestaltung „elastisch" sein. Dazu wäre zu sagen: Eine allzugroße Elastizität in der Verfahrensgestaltung widerspricht der Funktion des Prozesses (s. dazu oben II 2 zu Anm. 14). Das Gesetz soll und kann nicht den Eigenarten aller Fallgruppen gerecht werden (wobei zu bemerken ist, daß die — heute auch im materiellen Recht im Übermaß praktizierte — Eingruppierung der denkbaren Fälle in ein bestimmtes System je nach dem gewählten Ausgangspunkt den Ansatz zur Willkür bietet: nicht jede Alimentenklage gleicht der anderen!), sondern es soll eine bestimmte, feste Regelung geben, die für *alle* denkbaren Fälle eine brauchbare Verfahrensgrundlage abgibt. Das schließt nicht aus, daß innerhalb dieser Regelung Raum für eine gewisse Elastizität bleibt. Auch das hier aufgezeichnete Modell eines Prozesses erster Instanz gibt solche Möglichkeiten: So kann etwa in einfach gelagerten Fällen, die vermutlich sogar mit einem Versäumnisurteil enden werden, die Frist zur Klagbeantwortung so knapp bemessen werden, daß keine Verzögerung eintritt; es kann also keine Rede davon sein, daß die Frist von 3 Monaten für das Vorverfahren in jedem Fall eingehalten werden müsse. Weitere Vereinfachungsmöglichkeiten werden oben im Text angedeutet.

die Hand des Einzelrichters, des Berichterstatters oder des voll-
besetzten Gerichts gelegt werden kann. Diese Frage bedürfte
genauer Prüfung und Erörterung, auch nach der Richtung, wie
man sich die Zusammensetzung der Gerichte vorstellt, insbesondere also, ob in erster Instanz der Einzelrichter oder ein
Richterkollegium tätig werden soll. Die Lösung dieses Problems
hängt aber wieder davon ab, ob man an zwei Tatsacheninstanzen
festhält oder — wie das denkbar wäre — nur *eine* Tatsachen-
instanz schafft, die Oberlandesgerichte, Oberverwaltungsgerichte
zu Rechtsrügegerichten umgestaltet und die oberen Bundesgerichte
nur mit der Entscheidung über Revisionen in Grundsatzsachen
betraut. Es leuchtet ein, daß alle diese Probleme eng miteinander
zusammenhängen, aber sie können hic et nunc nicht erörtert
werden. So viel scheint sicher zu sein, daß eine nach dem hier
gemachten Vorschlag gestaltete erste Instanz die Gewähr für eine
vollständige Erhebung des Sachverhalts gibt und damit auch die
Möglichkeit bietet, das Berufungs- und Revisionsverfahren anders
zu gestalten als dies heute der Fall ist.

Es wurde auch davon abgesehen, auf Möglichkeiten hinzuweisen, die den vorgeschlagenen Gang des Verfahrens im Einzel-
fall vereinfachen. So kann z. B. schon im Vortermin das Urteil
gefällt werden, wenn die Klage nicht schlüssig oder nach den Ein-
räumungen des Beklagten ohne weitere Beweisaufnahme begründet ist. Auch kann die Beweisaufnahme in den Vortermin verlegt
werden, wenn z. B. nur ein Zeuge zu vernehmen ist, von dessen
Aussage das Urteil abhängt, oder wenn die im vorbereitenden
Schriftwechsel vorgelegten Urkunden ein Urteil in der Sache
tragen. Das sind Einzelheiten, die hier nicht zu erörtern sind.
Es kam darauf an, die Grundlinien, das Modell eines erstinstanzlichen Prozesses aufzuzeigen. Es deckt sich — und das scheint besonders wichtig zu sein — in vielem mit den Vorschlägen, die
der Reformkommission aus den Kreisen der Praxis gemacht
worden sind.

V.

Manche werden skeptisch sagen: Schön und gut. Selbst wenn
der Gesetzgeber sich bereit fände, einen solchen Vorschlag zu
akzeptieren, wer garantiert, daß nicht in der Praxis der alte Trott

weitergeht, daß nicht die Anwälte weiterhin den Sachverhalt tropfenweise vorbringen, die Gerichte sich von einem Beweisbeschluß zum anderen weiterschleppen? Dazu wäre zu sagen: Es wurde dargetan, daß in das Verfahren selbst Sanktionen eingebaut sind, die eine solche Verschleppung unmöglich machen. Daran hat es bisher gefehlt. Es soll aber nicht geleugnet werden, daß eine solche Reform auch eine Erziehungsarbeit mit sich bringt. Der Reformator des österreichischen Prozesses, Franz KLEIN, hat immer wieder darauf hingewiesen, daß prozessuale Reformen nur zu verwirklichen sind, wenn alle Prozeßbeteiligten guten Willens sind und wenn unaufhörlich auf diesen guten Willen hingewirkt wird. Er selbst hat unermüdlich in Wort und Schrift eine solche Erziehungsarbeit geleistet.[38] M. a. W. hinter der Reform müßte ein energischer Wille stecken, der die Gesetzgebung beflügelt und die Praxis von der Notwendigkeit einer Änderung überzeugt.

Man mag zur Erneuerung des deutschen Strafrechts stehen wie man will; eines ist sicher, daß diese Arbeiten durch einen solchen festen Willen, einen impetus vorangetrieben werden. Demgegenüber sind die Arbeiten am Prozeßrecht seit Jahrzehnten Flickwerk, das keine wesentliche Abhilfe gebracht hat; an der Börse würde man sagen: „Tendenz lustlos". Die neueren Verfahrensgesetze mögen einige Verbesserungen enthalten, insgesamt sind sie zu sehr auf die ZPO abgestellt als daß sie einen Umschwung hätten herbeiführen können. Ein solcher Umschwung aber ist nötig. Wer in das Publikum „hineinhört", sich mit Rechtsuchenden unterhält, wird immer wieder feststellen, daß nicht nur angeblich ungerechte Urteile oder wirkliche Fehlurteile eine bittere Kritik an der Justiz auslösen, sondern vor allem die unendlich lange Dauer der Prozesse. Das ist nur zu verständlich; jeder Prozeß bringt für jeden Beteiligten eine oft nur schwer erträgliche psychische Belastung mit sich, von den wirtschaftlichen und finanziellen Auswirkungen und Unsicherheiten ganz abgesehen. Es muß gelingen, diesen Zustand der Spannung und Unsicherheit auf ein erträgliches Maß zurückzuführen. Dies aber erfordert den möglichst raschen Abschluß der Prozesse. Bei den Arbeiten der Reformkommission hat der damalige Präsident des Bundes-

---

[38] Vgl. insbesondere KLEIN, Vorlesungen über die Praxis des Zivilprozesses, 1900.

gerichtshofs, Dr. WEINKAUFF, gesagt, die Konzentration der mündlichen Verhandlung sei „sedes materiae der Verfahrensreform"; sie sei „bei weitem das Wichtigste, was bei einer Verfahrensreform erreicht werden sollte". Dem kann man nur zustimmen. Solange sich die Justizpolitik nur mit dem materiellen Recht befaßt und das Verfahrensrecht als quantité négligeable vernachlässigt oder als heißes Eisen nicht anfaßt, wird den Rechtsunterworfenen — um die es allein geht — nicht geholfen. Auch ein gutes materielles Recht hilft nichts, wenn es im Prozeß versandet. Und nicht zuletzt: Das viel und oft gedankenlos zitierte Wort vom Vertrauen des Volkes in die Rechtspflege bleibt ein Phrase, wenn man nicht die realen Grundlagen für ein solches Vertrauen schafft. Reformvorschläge auf allen Gebieten zu machen, entspricht dem Zeitgeist. Hier geht es nicht um eine Reform um der Reform willen, auch nicht um eine Reform, die den bisher geübten Prozeß insgesamt verwirft und sozusagen bei Null anfängt. Es ist im Gegenteil ein Vorteil des hier gemachten Vorschlags, daß er an die Regelung und die Praxis eines schon Jahrzehnte geübten Verfahrens, nämlich an den Strafprozeß, anknüpft und dort bewährte Grundsätze — nämlich das Vorverfahren und die einheitliche Hauptverhandlung — für die übrigen Verfahrensarten übernimmt. So wird vermieden, daß man vielleicht gut erdachte, aber bisher nicht erprobte Gedanken realisiert und dann — wie etwa nach der Erneuerung des italienischen Zivilprozesses[39] — enttäuscht feststellen muß, daß die Neuerungen nicht praktikabel sind oder doch nicht zu dem Ziel führen, das man sich gesteckt hatte. Die Realisierung meines Vorschlags würde — das sei abschließend bemerkt — sozusagen als Abfallprodukt — auf einem Teilgebiet zu einer Verfahrensangleichung zwischen den verschiedenen Gerichtsbarkeiten führen, insofern das vorbereitende Verfahren im Prinzip und die mündliche Verhandlung auch in ihrer Einzelausgestaltung in allen Verfahrensarten gleichen Regeln unterworfen wäre. Damit würde der Kern aller Prozesse, die mündliche Verhandlung, auch den Rechtsunterworfenen deutlicher und verständlicher sein als dies jetzt der Fall ist; denn daß die Hauptverhandlung des Straf-

---

[39] S. statt aller CAPPELLETTI-PERILLO, Civil procedure in Italy, 1965, S. 174 ff.

prozesses sich dem natürlichen Verständnis besser erschließt als die jetzt praktizierte mündliche Verhandlung des Zivilprozesses und auch der übrigen Verfahrensarten, ist sicher. Dann würde auch im deutschen Prozeß der weise englische Leitsatz für jedes gerichtliche Verfahren gelten: Es genügt nicht, daß die Gerechtigkeit verwirklicht wird; es muß offenbar werden, daß sie verwirklicht wird.

ZPO WIECZOREK

und Gerichtsverfassungsgesetz

Handausgabe

auf Grund der Rechtsprechung erläutert von Rechtsanwalt
BERNHARD WIECZOREK

2., erweiterte Auflage
Oktav. Etwa 2350 Seiten. Dünndruckausgabe. 1966. Ganzleinen
Im Druck. (Sammlung Guttentag Band 252)

Die Darstellung des Stoffes wird den Bedürfnissen der Praxis in vorzüglicher
Weise gerecht. Die Verarbeitung der Rechtsprechung ist umfassend. Ein
besonderer Vorteil des Handkommentars ist, daß die Rundziffern mit denen
des Großkommentars des gleichen Verfassers übereinstimmen. Wer bei einzelnen Fragen tiefer eindringen will, kann sich also leicht der Hilfe des
Großkommentars bedienen. Alles in allem handelt es sich um ein Werk, das
der Praxis nur empfohlen werden kann. Es wird neben den bekannten Er-
läuterungswerken der ZPO seinen anerkannten Platz finden. Ein sehr aus-
führliches Sachregister erleichtert die Handhabung des Kommentars.

Recht der Arbeit

Der Verfasser hat von dem umfangreichen Wissensstoff, den das Hauptwerk
enthält, das Wichtigste herausgenommen und in verkürzter Form dar-
geboten. Er gibt damit dem eiligen Leser Gelegenheit zur schnellen Unter-
richtung.
Den vielen Juristen, die das Hauptwerk nicht anschaffen können, wird hier
Gelegenheit geboten, einen verkürzten und wohlfeileren Kommentar zu
erwerben. Die Erläuterungen der Handausgabe besitzt auch in dieser ab-
gekürzten Form eine beträchtliche Überzeugungskraft. Sie bringt verläßliche
Hinweise bezüglich der reinen Formfragen, die so oft zu Zweifeln Anlaß
geben. Sie vermag den Leser aber auch bei der Anwendung der großen zivil-
prozessualen Verfahrensprinzipien, die auf jede Einzelfrage irgendwie Ein-
fluß nehmen, anzuleiten.

Amtsgerichtsrat Dr. Döhring in: Juristische Neuerscheinungen

WALTER DE GRUYTER & CO · BERLIN 30

SEIWERTH **Zur Zulässigkeit der Verfassungsbeschwerde**

gegenüber Grundrechtsverletzungen des Gesetzgebers durch Unterlassen. Von Dr. JAKOB SEIWERTH. Oktav. XVI, 120 Seiten. 1962. DM 15,— (Neue Kölner rechtswissenschaftliche Abhandlungen Heft 20)

PANHUYSEN **Die Untersuchung des Zeugen auf seine Glaubwürdigkeit**

Von Dr. URSULA PANHUYSEN. Oktav. XXIV, 155 Seiten. 1964. DM 21,— (Neue Kölner rechtswissenschaftliche Abhandlungen Heft 28)

OSSENBÜHL **Die Rücknahme fehlerhafter begünstigender Verwaltungsakte**

Von Dr. FRITZ OSSENBÜHL. 2., durch einen Nachtrag erweiterte Auflage. Oktav. XXVIII, 169 Seiten. 1965. DM 24,— (Neue Kölner rechtswissenschaftliche Abhandlungen Heft 29)

FILIOS **Die Gefahrtragung beim Kauf (§§ 446 BGB)**

im Rahmen des Synallagmas. Von Dr. PAUL FILIOS. Oktav. XXIV, 98 Seiten. 1964. DM 16,— (Neue Kölner rechtswissenschaftliche Abhandlungen Heft 32)

THÖNNISSEN **Grundfragen des Verlöbnisrechts**

Von Dr. LEO THÖNNISSEN. Oktav. XX, 177 Seiten. 1964. DM 22,— (Neue Kölner rechtswissenschaftliche Abhandlungen Heft 33)

KOHLMANN **Das subjektiv-öffentliche Recht auf fehlerfreien Ermessensgebrauch**

Von Dr. GÜNTER KOHLMANN. Oktav. 104 Seiten. 1964. DM 14,— (Neue Kölner rechtswissenschaftliche Abhandlungen Heft 34)

ZULEEG **Die Rechtsform der Subventionen**

Von Dr. BERTRAND ADAMS. Oktav. X, 210 Seiten. 1964. DM 28,— (Neue Kölner rechtswissenschaftliche Abhandlungen Heft 35)

WALTER DE GRUYTER & CO · BERLIN 30

www.ingramcontent.com/pod-product-compliance
Lightning Source LLC
Chambersburg PA
CBHW050653190326
41458CB00008B/2537